BEI GRIN MACHT SICH IHR WISSEN BEZAHLT

Alexander Löwen

Schauspiel und Absurdes Theater

Method Acting im Kontext von Samuel Becketts Figuren in "Rough for Theatre I"

GRIN Verlag

Bibliografische Information der Deutschen Nationalbibliothek:

Die Deutsche Bibliothek verzeichnet diese Publikation in der Deutschen National-
bibliografie; detaillierte bibliografische Daten sind im Internet über http://dnb.d-
nb.de/ abrufbar.

Impressum:

Copyright © 2012 GRIN Verlag GmbH
Druck und Bindung: Books on Demand GmbH, Norderstedt Germany
ISBN: 978-3-656-47661-0

Dieses Buch bei GRIN:

http://www.grin.com/de/e-book/231149/schauspiel-und-absurdes-theater

GRIN - Your knowledge has value

Der GRIN Verlag publiziert seit 1998 wissenschaftliche Arbeiten von Studenten, Hochschullehrern und anderen Akademikern als eBook und gedrucktes Buch. Die Verlagswebsite www.grin.com ist die ideale Plattform zur Veröffentlichung von Hausarbeiten, Abschlussarbeiten, wissenschaftlichen Aufsätzen, Dissertationen und Fachbüchern.

Besuchen Sie uns im Internet:

http://www.grin.com/

http://www.facebook.com/grincom

http://www.twitter.com/grin_com

Universität Bayreuth   SS 2012

Method Acting im Kontext von Samuel Becketts Figuren

in „Rough for Theatre I"

Hausarbeit im Proseminar *Absurd, grotesk und komisch. Theaterformen jenseits des "Regelhaften"*

vorgelegt von

Alexander Löwen

Am 14.12.2012

Inhalt

1. Einleitung 1

2. Method Acting – Geschichte und Prinzip 2

3. Method Acting in Rough for Theatre I 5

4. Schlussfolgerung 9

Literaturverzeichnis 10

1. Einleitung

Nachdem wir in der Vorlesung „Das Theater des Absurden" die Besonderheiten der Stücke von Samuel Beckett angesprochen und teilweise analysiert hatten, begann ich mir über ein spezielles Problem Gedanken zu machen. Becketts Charaktere, wenngleich sie sich in vielerlei diversen Kontexten bewegen, haben doch eines gemeinsam. Sie gleichen nicht ordinären, „normalen" Personen, die eine problemlose Identifikation mit dem Leser zulassen. Dies soll nicht heißen, dass Becketts Charaktere märchenhaft oder unmenschlich sind. Durchaus sind sie mit menschlichen Attributen und Charakteristiken ausgestattet. Die meisten von Becketts Charakteren sind sogar ins Alter gekommene Menschen, die es versäumt haben ihre Träume und Wünsche zu verwirklichen und folglich ein gefrustetes Dasein führen, wie *Warten auf Godot* oder *Endspiel* beweisen.

Die Fragestellung, die ich in vorliegender Arbeit analysieren will, liegt viel mehr im ominösen Agieren und Reagieren der Charaktere, sowie ihrer häufig missverständlichen Kommunikation. Als unabdingbare Konsequenz sehe ich eine Minderung an Identifikations- und Empathievermögen zwischen Leser und Figur. Des Weiteren ist der Leser nicht in der Lage den Hintergrund, die Bedeutung und Motivation einer Figur in gewissen Szenen zu verstehen. In genau diesem Moment wird die Arbeit eines Schauspielers, der die komplexen Charaktere verkörpern muss, höchst interessant. So kommt die Frage auf: Kann ein Schauspieler die Emotionen, Gefühle und Gedanken von Becketts Figuren verstehen und authentisch spielen?

Zur Beantwortung dieser Frage werde ich die Schauspieltheorie des Method Actings untersuchen und Probleme und Herausforderungen analysieren, die sich beim Spielen von Becketts Figuren mit eben dieser Schauspieltechnik ergeben. Dabei stütze ich mich auf Becketts Stück *Rough for Theatre I*.

2. Method Acting – Geschichte und Prinzip

Konstantin Sergejewitsch Stanislawski wurde im Jahr 1863 als Sohn einer Kaufmannsfamilie in Moskau geboren. Er trat jedoch nicht in die Fußstapfen seiner Familie und wurde 1888 Mitglied der *Gesellschaft für Kunst und Literatur*. Dort traf er W.I. Nemirowitsch-Dantschenko. Zusammen entwickelten sie ein neues Theater, welches später als das Moskauer Künstlertheater (kurz MChAT) in die Annalen der Theaterhistorik eingehen würde. Bald schon wurden bedeutende Schriftsteller wie Tschechow oder Gorki mit dem MChAT assoziiert.

Dort begann Stanislawski ausführlich an einer Schauspieltheorie zu arbeiten, die er später das *System* nennen würde. Anders als manche Stanislawski-Gegner behaupten, war das *System* nicht dogmatisch angelegt. Sharon Carnicke erklärt:

> *There is nothing absolute about his compendium of theory and techniques for the ephermal art of acting that he so loved. He saw his System as offering advice to actors of different temperaments who wished to speak through different aesthetic styles. He called his System 'universal' for these two reasons. Only three months before his death, he cautioned his directing students that, 'One must give actors various paths' (Vinogradskaia 2000:498).*[1]

Bis heute hat Stanislawskis System diverse Schauspielschulen beeinflusst und wurde von Wissenschaftlern und Praktikern wie Lee Strasberg, Sanford Meisner und Erric Morris aufgegriffen und weiterentwickelt. Lee Strasberg, selbst Schauspieler und Lehrer, konfigurierte, erweiterte das System und machte es als *Method* bekannt. Spätestens nachdem 1969 das Lee Strasberg Theatre and Film Institute gegründet wurde, waren Strasberg und Stanislawski nicht mehr vom Method Acting zu trennen.

Obwohl Carnicke behauptet, dass durch Strasberg eine Amerikanisierung des Stanislawski-Systems stattgefunden hat[2], war die Zielsetzung doch gleich geblieben: „...gegen falschen Pathos, [...] gegen die Übertreibung im Spiel, gegen die oberflächliche Stilisierung in der Inszenierung und im Bühnenbild, gegen das Starsystem, welches jedes Ensemble zerstört hat,

---

[1] Sharon Marie Carnicke, *Stanislavsky in Focus*, (New York, NY: Routledge, 2009) 3.
[2] Carnicke 7-13.

gegen die gesamte Struktur der Vorstellungen und das arme Repertoire des zeitgenössischen Theaters."[3]

Doch mit welchen Mitteln versucht Strasbergs Methode ihre Ziele zu erreichen? Mit anderen Worten: Welche Prinzipien verbergen sich hinter der Theorie?

Strasbergs Buch „A Dream of Passion" schildert die Entwicklung der Ideen und Techniken von Stanislawski, hinzu den des Method Actings. So nimmt Strasberg diverse Grundtechniken wie „das bewusste Training der Sinne, welches [den Schauspieler] zu den unbewussten, kreativen Ressourcen führt."[4] oder „praktische Entspannungs- und Konzentrationsübungen, den Zirkel der Aufmerksamkeit, etc." (ebd., Übersetzung A.L.) auf und verfeinert diese. Für Strasberg erscheint jedoch „der Gebrauch der Seele des Schauspielers als Substanz seiner Arbeit" (ebd, A.L.) als wichtigste von Strasbergs Methoden.

Doch Strasberg verdeutlicht auch, dass „seine [Stanislawskis] Arbeit nicht weit genug vorangeschritten war, um das Problem des schauspielerischen Ausdrucks [ausreichend] zu lösen" (ebd., A.L.) und sieht daher die „Notwendigkeit Emotionen zu studieren sowie einfache und komplexe Gefühle zu analysieren." (ebd., A.L.).

Ein Prinzip, welches einen Großteil der *Method* ausmacht, ist das sog. affektive Gedächtnis. Es wird häufig mit den Begriffen Sinn-Gedächtnis und emotionales Gedächtnis verwechselt. Das affektive Gedächtnis ist per Definition die „Bewusstwerdung vergessener Emotionen, die im privaten Leben des Schauspielers empfunden wurden und ihre Anwendung auf die Figur, die auf der Bühne dargestellt wird."[5]
Dies impliziert, dass der Schauspieler die Emotionen und Erfahrungen der Bühnenfigur durchweg mit seinen eigenen vergleichen und in Verbindung bringen muss. Daraus resultiert eine wichtige Regel der *Method*: Der Schauspieler kann nicht die Figur „werden" und sich in seiner Rolle

---

[3] Bernd Stegemann, *Stanislawski Reader*, (Berlin: Henschel, 2007) 10.
[4] Lee Strasberg, *A Dream of Passion*, (New York, NY: Davada Enterprises, Ltd, 1987) 62.
[5] Edward D. Easty, *On Method Acting*, (New York, NY: The Random House Publishing Group, 1992) 44. Übersetzung Alexander Löwen.

3

verlieren, da dies einen Kontrollverlust über Gefühl und Körper verheißen würde. Diese Schauspielart würde „an Wahnsinn grenzen und jegliche Realität und Plausibilität würde verschwinden." (Easty 45, A.L.). Folglich ist das „beste was er [der Schauspieler] tun kann, ist seine Emotionen zu trainieren." (ebd., A.L.).

Vom Sinn-Gedächtnis ist die Rede, wenn der Schauspieler seine „fünf Sinne ins Bewusstsein ruft: Sehen, Hören, Fühlen, Schmecken, Riechen." (Easty 24, A.L.). Der Schauspieler muss daher eine sinnliche Reaktion hervorrufen, indem er sich an physische Erfahrungen erinnert, die er im Laufe seines Lebens gemacht hat. „Der Gebrauch des Sinn-Gedächtnisses ruft ein Gefühl zu jedem Objekt hervor, welches mit den fünf Sinnen verbunden wird." (Easty 24, A.L.).

Die wohl komplizierteste Technik des Method Actings ist das emotionale Gedächtnis, da es „speziell die intensiveren emotionalen Reaktionen betrifft."[6] Die Verbindung zum affektiven Gedächtnis ist offensichtlich; es ist die Intensität und die Gefühlstiefe, die den Unterschied ausmachen.

Die letzte Methode die ich hervorheben will, ist das Prinzip der Substitution. Basierend auf Stanislawskis „Als ob", d.h. die Frage wie der Schauspieler sich im wahren Leben verhalten würde, wenn er in der selben Situation steckte wie seine Figur, hat Strasberg um folgendes erweitert: „Der Schauspieler ist nicht eingeschränkt auf das, wie er sich in der speziellen Situation der Figur verhalten würde, viel mehr sucht er nach einem Substitut in seiner eigenen Realität, welche anders ist als die des Stücks. Sie wird ihm helfen wahrheitsgetreu und entsprechend den Anforderungen der Rolle zu spielen."[7]

Nachdem ich die bedeutendsten Techniken der *Method* vorgestellt habe, folgt ihre Anwendung auf Samuel Becketts *Rough for Theatre I*.

---

[6] Strasberg 111., A.L.
[7] Strasberg 86., A.L.

3. Method Acting in Rough for Theatre I

Eine Prämisse um Schauspieltheorien auf Stücke anwenden zu können, ist das genaue Studium der immanenten Figuren. Es ist daher wichtig, Person A und B in Becketts *Rough for Theatre I* zu charakterisieren.

Person A ist ein blinder, obdachloser Geigenspieler. Als Person B auftaucht, fragt A ihn über sein Leben aus. Aufgrund seiner Blindheit verlangt er häufig nach detailreichen Beschreibungen, weswegen B genervt reagiert. A wird hingegen nostalgisch und melancholisch, wenn er an seine Vergangenheit mit Dora denkt, eine Frau, die ihn „zwang auf dem Boden zu schlafen." (Beckett 233, A.L.). Durch das gesamte Stück hindurch scheint A ziemlich gedankenverloren zu sein, da er oft Bs Dialogthemen ignoriert bzw. verfehlt. Zwei Beispiele sollen dies veranschaulichen:

> *1.) „B: Do I begin to move you?*
> *A: Sometimes I hear steps. Voiced."* (Beckett 229, A.L.)

> *2.) "B: What does my soul look like?*
> *A: Make a sound."* (Beckett 231, A.L.)

A antwortet offensichtlich zusammenhangslos und unbedacht. Summa Summarum macht A einen recht unglücklichen Eindruck. Er scheint im Leben und im Beruf versagt zu haben. So stellt er fest, dass es „Tage gab, an denen [er] nicht genug verdient hat" (Beckett 232, A.L.) und ist folglich als einsamer Bettler auf der Straße gelandet. Trotzdem empfindet er sich nicht unglücklich genug um Selbstmord zu begehen. So sagt er: „Das war immer mein Unglück, unglücklich sein, aber nicht unglücklich genug." (Beckett 229, A.L.).

Person B, ebenso ein alter Mann, ist ein körperlich behinderter Rollstuhlfahrer. Er scheint As Anwesenheit zu begrüßen und sieht sogar die Möglichkeit „sich zusammenzuschließen und zusammen zu leben bis in den Tod." (Beckett 227, A.L.). Sein Bedürfnis nach einer menschlichen Seele wird offen gelegt, als er A fragt ob er ihn Billy nennen dürfe, so wie seinen eigenen Sohn. Man beachte, dass dies in den ersten Minuten der Begegnung passiert! B meint daraufhin sogar: „Wenn du mich fragst, wurden wir für einander geschaffen." (Beckett 229, A.L.).

B vertraut A an, dass es früher auch in seinem Leben eine Frau gab. Sie „zog [ihn] abends aus dem Rollstuhl und setzte [ihn] morgens wieder rein und hatte [ihn] fest unter Kontrolle, wenn [er] den Verstand verlor." (Beckett 228, A.L.)

Die zwei Figuren haben bemerkenswerte Ähnlichkeiten. Beide sind körperlich behindert und sind hinsichtlich dessen auf den jeweils anderen angewiesen. A verleiht B das Sehen, indem er ihm die Umgebung beschreibt, während B As Rollstuhl bewegt und ihm damit die nötige Flexibilität verleiht. Doch sind sich die Figuren auch in ihrem Charakter, in ihrer Natur ähnlich. Sie geben häufig unpräzise Antworten, schaffen keine verständliche, nachvollziehbare Kommunikationsstruktur und führen ein einsames, nostalgisches Leben auf einer verlassenen Straße.

Natürlich schafft diese Charakterisierung eine echte Herausforderung für jeden Schauspieler und somit auch für das *Method Acting*.

Angenommen kein Schauspieler der A oder B spielen muss, war jemals blind, hat ein Bein verloren oder lebte obdachlos auf der Straße. Somit kommt ein zwangsläufiges Problem auf: Der Schauspieler kann nicht auf seine eigenen Erfahrungen zurückgreifen, da er nie in derartigen Lebensumständen der Figuren gelebt hat. Damit entfällt eine wichtige Ressource des Schauspielers.

Doch laut *Method* kann sich der Schauspieler das affektive Gedächtnis zu Nutze machen. Einsamkeit zum Beispiel ist eine Situation, in der sich wohl jeder Mensch zumindest einmal in seinem Leben wiedergefunden hat. Die dazugehörigen Gefühle, wie das Verlassen-, Verloren-, evlt. sogar Vergessen-Sein, können vom Schauspieler hervorgerufen werden, wenn er sich an Situationen im Leben erinnert, in denen diese Gefühle ziemlich stark vorhanden gewesen sind. Oft eignen sich dafür Kindheitserinnerungen. Hatte der Schauspieler in seiner Kindheit Momente der Einsamkeit, wird er sich an die damalige Gefühlslage erinnern und sie in ein authentisches Spiel einfließen lassen. Gleichermaßen kann der Schauspieler Emotionen hervorrufen, die an den Verlust einer Frau gekoppelt sind, wie es A und B empfinden. Ein Schauspieler, dessen Beziehung zu einer Frau schon einmal gebrochen wurde, wird weniger Schwierigkeiten haben sich in den Gefühlszustand zu versetzen, als ein Schauspieler, der Besagtes noch nie erlebt hat.

Nun kann ein Mangel an Lebenserfahrung durch die Substitution des *Method Actings* ausgeglichen werden. Dazu muss der Schauspieler nach einer emotionalen Erfahrung suchen, die den Verlust einer Frau zum Beispiel, ersetzen kann. Dies könnte beispielsweise der Verlust eines nahestehenden Freundes oder einer engen Bekannten sein. Die Hauptsache bei der Substitution ist den Kontext der Emotion zu verändern, nicht die Emotion an sich.

Rough for Theatre I ist auch körperlich gesehen ein sehr anspruchsvolles Stück, da Beckett sehr präzise die Körperbewegungen der Figuren beschreibt. Dies kann jedoch durchaus als Inspirationsquelle für das Sinn-Gedächtnis des Schauspielers dienen. Folgende Textstelle soll dies verdeutlichen:

„*Er [B] greift ihn von hinten mit einem Stab an. A lässt den Rollstuhl los, weicht zurück. [...] A tastet nach seinem Hocker, hält ihn fest, stockt, verliert ihn.*" (Beckett 230, A.L.)

Dem Schauspieler wird die Möglichkeit geboten sich an Situationen zu erinnern, die selbige oder ähnliche Körperbewegungen von ihm abverlangt haben. Auch kann er die Bewegungen immer wieder wiederholen, sie sich einprägen und so später Souveränität ins Spiel bringen.

Versucht der Schauspieler auf sein emotionales Gedächtnis zurückzugreifen, so muss er sein Unterbewusstes entsprechend instrumentalisieren, um authentische Ergebnisse spielen zu können. Ein komplexes Gefühl in *Rough for Theatre I* ist etwa Bs Sehnsucht nach menschlicher Nähe. Um dieses Gefühl zu spielen muss der Schauspieler nach Gefühlen suchen, die er mit einem tiefen Verlangen, mit einer Sehnsucht nach einem bestimmten Menschen verbindet. Dieselbe Spielweise kann der Schauspieler auch auf andere komplexe Szenen des

7

Stücks anwenden, wie etwa wenn A die Gesprächsthemen recht unerwartet ändert. Der Schauspieler könnte sich hierbei an Szenen aus seinem eigenen Leben erinnern, in denen er völlig gedankenverloren war und sich auf kein Gespräch einlassen konnte bzw. wollte. Er könnte ebenso an Erlebnisse denken, die ihn dazu brachten das Gesprächsthema zu wechseln, um nicht über unbequeme Themen oder Wahrheiten reden zu müssen. Es ist ein unausschöpflicher Reichtum an Möglichkeiten vorhanden, die der Schauspieler nutzen kann um i. S. des *Method Actings* authentisch und natürlich zu spielen.

4. Schlussfolgerung

Stanislawski und Strasberg leisteten einen bedeutenden Beitrag zur Schauspieltheorie des 20. Jahrhunderts. Obwohl ihre Arbeit mehrfach kritisiert und von vielerlei Theoretikern revidiert wurde, kann ihr Einfluss auf moderne Schauspielschulen und -Techniken nicht geleugnet werden.

Die Method-Technik, die Lebenserfahrung des Schauspielers mit der der Figur zu vergleichen, versagt oft, da die diversen Erfahrungsebenen häufig inkongruent sind. So verschwindet die Kongruenz vollkommen, wenn die Film- oder Theaterfigur mit Problemen aus einer anderen Welt oder komplett anderen Zeit konfrontiert wird. Diese Method-Technik ist folglich nur sehr beschränkt anwendbar.

Die Frage wie effektiv das affektive, emotionale und das Sinn-Gedächtnis funktionieren, hängt von der Ausbildung und vom Training des individuellen Schauspielers ab. Ihr Beschränkung erfahren sie vorwiegend darin, wie geschult Be- und Unterbewusstsein sowie der Körper des Schauspielers sind.

Obwohl ein Schauspieler beim Spielen von Becketts Figuren mit diversen Problemen konfrontiert wird, so bietet die *Method* doch Techniken und Hilfestellungen, um komplexe Schauspielherausforderungen zu meistern. Und so wirken Person A und Person B von *Rough for Theatre I* zum Schluss gar nicht mehr so weltfremd und komisch, was mir persönlich, eine neue Perspektive auf das Stück und Beckett selbst, aufgezeigt hat.

Literaturverzeichnis

Beckett, Samuel. "Rough for Theatre I." *Samuel Beckett: The Complete Dramatic Works.* Ed. S.E. Gontarski. London: Faber and Faber Limited, 2006. 225-235.

Carnicke, Marie Sharon. *Stanislavsky In Focus: An Acting Master For The Twenty-First Century.* New York, NY: Routledge, 2nd edition, 2009 (1998).

Easty, Dwight Edward. *On Method Acting: The classic actor's guide to the Stanislavsky technique as practiced at the Actors Studio.* New York, NY: The Random House Publishing Group, 1992.

Stegemann, Bernd. *Stanislawski Reader: Die Arbeit des Schauspielers an sich selbst und an der Rolle.* Berlin: Henschel, 2007.

Strasberg, Lee. *A Dream of Passion: The Development Of The Method.* New York, NY: Davada Enterprises, Ltd, 1987.